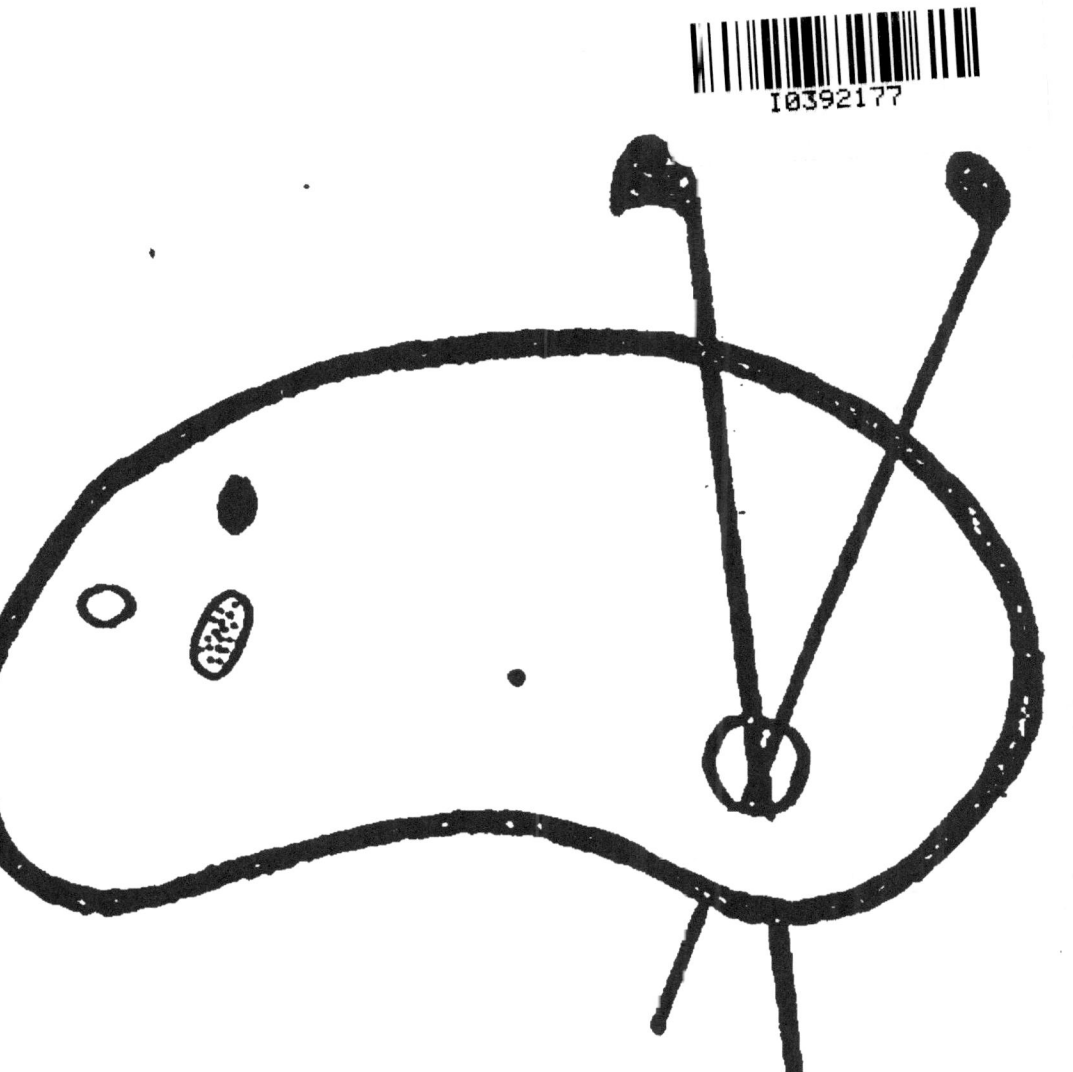

COUVERTURE SUPERIEURE ET INFERIEURE
EN COULEUR

SECONDE LETTRE

A MADAME ***,

Sur les PEINTURES,
les SCULPTURES &
les GRAVURES *expofées
dans le Sallon du Louvre
cette année.*

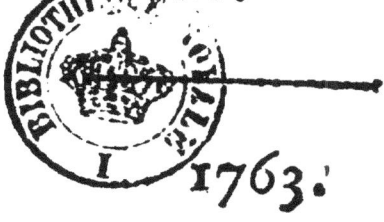

1763.

SECONDE LETTRE

A MADAME ***,

Sur les Peintures, les Sculptures & les Gravures exposées dans le Sallon du Louvre cette année.

VOus avez raison, Madame, la critique est nécessaire au progrès des Arts, pourvû qu'elle ne parte pas d'un mauvais cœur. On peut comparer l'amour de la gloire aux autres passions humaines. L'espérance 'es nourrit, mais il faut des obstacles pour les accroître. Les génies les plus heureux ne parviendroient jamais au dégré de force & de subliimté où ils peuvent atteindre, s'ils étoient toujours entourés de fades adulateurs ; ils s'endormiroient sur leurs premiers succès. Des jugemens un peu sévéres servent à les animer dans leur carriere : je pourrois vous en citer un exemple frappant. Un Artiste estimable s'est apperçu cette année que son Tableau ne répondoit pas à l'opinion avantageuse que le Public

A ij

avoit conçue de ses talens. Cette espéce de mauvaise fortune qui l'auroit découragé, s'il ne s'étoit pas senti né pour son Art, n'a servi qu'à enflammer son émulation, & lui donner de plus grandes idées. Peut-être n'y a-t il rien à présent qu'on ne puisse attendre de ses efforts. Un bon Général n'est jamais plus dangereux que quand il vient de perdre une bataille.

Je continuerai donc notre examen des Tableaux du Sallon avec la même liberté, la même franchise. J'aime sur tout à vous parler des beautés que j'ai admirées. Mais pourquoi vous cacherois-je les défauts? La critique est un reméde, la flatterie seroit un poison.

Nous en étions aux Tableaux de M. DESHAYS. Le premier (Nº. 42) représente le mariage de la Sainte Vierge. C'est un de ces grands morceaux où l'art peut se déployer dans toute sa force. Marie & Joseph sont à genoux sur les marches d'un Autel aux pieds du Pontife qui les unit ; deux Acolytes, quelques spectateurs & des Anges portés sur des nuées remplissent le reste du Tableau. Il y a du feu & de l'harmonie dans cette composition. Elle fait beaucoup d'effet. Il y regne un

beau ton de couleur. Le Pontife est saisi
d'un enthousiasme qui se communique
aux spectateurs. Je l'ai admiré plusieurs
fois & toujours avec un plaisir nouveau.
L'équilibre n'est pas assez observé dans
la figure de l'un des Acolytes. Saint Joseph est bien, la Sainte Vierge pourroit
être mieux, les Anges auroient bien fait
de n'y pas paroître du tout. Je ne sçai
point pourquoi M. Deshays les a invités
à ce mariage. C'est un des événemens les
moins importans de la vie de la Ste Vierge, & il me semble que c'est celui qui doit
le moins intéresser la Cour céleste. Les dé-
corations du Temple pouroient faire un
objet aussi agréable, le Tableau auroit
eu plus de profondeur, & les figures principales *sortiroient* d'une maniere plus heureuse.

Il me reste encore un reproche à faire
à M. Deshays. Les Juifs ne se marioient
point dans le Temple, le mariage étoit
chez eux un contrat civil, qui n'étoit revêtu d'aucune cérémonie de religion, il se
faisoit dans l'intérieur des maisons, en
présence des parens ; les Prêtres ne s'en
mêloient pas. D'ailleurs on ignoroit alors
l'usage des flambeaux de cire, & on ne
se servoit que de lampes. Il est fâcheux

que toutes ces parties du Coſtume ayent été oubliées dans le Tableau dont nous parlons. Je ſens qu'on m'oppoſera l'exemple des autres Peintres, mais les abus ne deviennent pas des régles, les uſages ne peuvent pas ſervir d'excuſe à des hommes de génie. Pluſieurs fautes de ce genre ont échappé aux plus grands Maîtres dans des tems d'ignorance, elles ne ſont pas pardonnables dans un ſiécle plus éclairé. Le Brun ni Rubens ne ſe les ſeroient certainement pas permiſes. L'Art ne gagne rien à ces ſortes de licences, au contraire, une cérémonie étrangere eſt plus pittoreſque, elle intereſſe davantage, & elle prête bien plus à l'art du Peintre.

La chaſteté de Joſeph eſt du même Auteur. La femme de Putiphar s'élance ſur lui & le ſaiſit par ſes vétemens. La vivacité de ſes regards, & le déſordre des draperies qui la couvrent, annoncent ſes deſſeins ; Joſeph effrayé détourne les yeux, il ſemble implorer le Ciel ; ſon attitude eſt très-expreſſive, le caractere de ſa tête eſt du plus beau choix ; il eſt difficile d'imaginer une carnation plus vraye, plus tendre, plus ſéduiſante que celle de la femme de Putiphar. Sa cuiſſe moitié nue, moitié couverte d'un voile

tranfparent, a été regardée comme un
chef-d'œuvre de l'Art. Le bufte & l'épau-
le auroient pû être deffinés dans une po-
fition plus heureufe. J'aimerois mieux
que cette femme n'eût pas les cheveux
blonds, & qu'elle fût un peu moins jeune. La violence qu'elle employa contre
Jofeph, & la perfidie audacieufe à la-
quelle elle eut recours pour fe venger,
ne paroiffent pas vraifemblables dans une
femme de vingt ans, la pudeur ne s'éteint
pas tout d'un coup. J'aurois voulu que
M. Deshays eût cherché à peindre une
de ces femme ardentes qui ont perdu depuis long-tems toute habitude de rougir,
& dont le tempérament irrité par une lon-
gue fuite d'excès, ne connoît plus ni frein
ni mefure. On auroit vu dans fes yeux la
colère fuccéder aux defirs. Cette image
auroit fait peut-être plus d'effet, elle auroit infpiré une forte de terreur, & le
trait hiftorique auroit été rendu dans toute fa force. (*)

No. 45. La Vierge de M. Def-
hays mérite d'être diftinguée dans la mul-

(*) La Danaé annoncée après cet article (N°.
44.) n'a pas été expofée.

A iiij

titude des tableaux sur le même sujet qu'on voit tous les jours. La figure de la Sainte Vierge est noble, belle & décente. Elle tient de la main droite l'Enfant Jesus, & de la gauche un livre qu'elle lit avec une attention & un attendrissement qui a quelque chose de céleste. L'Enfant Jesus est endormi ; malgré son sommeil, son âge & ses membres à demi formés, M. Deshays a sçu lui donner un caractère de divinité, dont tous les yeux sont frappées. En portant sur lui avec art la principale lumiere de son Tableau, il en a fait le principal objet. Il a répandu sur ces deux figures & sur tout ce qui les environne une *splendeur* majestueuse qui inspire la vénération.

Il y a encore dans ce Tableau précieux un oubli du costume dont je ne sçaurois faire grace à l'Auteur. Sa Vierge tient un livre entierement semblable aux nôtres : ceux des Hébreux étoient en forme de roulleaux, & comme ils écrivoient de droit à gauche, leurs lignes commençoient où les nôtres finissent. Je vous prie, Madame, de me pardonner ces remarques quelques petites qu'elles soient. Tous les Arts de génie sont soumis à des loix plus minutieuses. On ne dispense pas un Poëte de l'exactitude de la rime, même en faveur des plus grandes penſées.

Les Tableaux (N°. 46.) font remarbles par leur contraſte. Le premier repréſente la tête chenue d'un Vieillard qui lit des prieres ; l'autre repréſente une jolie femme qui reçoit une lettre, & qui écarte ſa capuche avec un éventail pour voir celui qui la lui donne. Les agaceries les plus adroites de la vanité, le deſir de plaire ſans aucune intention d'aimer, le manége le mieux déguiſé, tout ce que la coquetterie a de plus piquant, ſemble exprimé dans cette tête ; je vous défie d'en trouver une pareille en Province.

On avoit annoncé quatre Caravannes de M. Deshays (N°. 47 & 48) mais on n'en a expoſé que deux ; j'y ai remarqué un pinceau gras & libre, aſſez d'éclat, peu d'intérét & plus d'effet que de vérité. Il s'en faut bien que cet Artiſte ſoit auſſi ſupérieur dans ce genre que dans l'Hiſtoire, & je l'en félicite de tout mon cœur: il ſied bien à ceux qui ont des talens décidés pour les grandes choſes, de n'en avoir aucun pour les petites.

On reconnoit la meilleure maniere de ce Peintre, dans la réſurrection du Lazare, qui n'avoit pas été annoncée. La fi-

A v.

gure de Jéfus-Chrift eft remplie de dignité ; les tranfports de la reconnoiffance la plus vive éclatent dans le cadavre renaiffant du Lazare. Ses deux fœurs témoignent leur intérêt chacune fuivant fon caractere. L'une fe profterne à terre ; l'autre paroît occupée du foin de faire tirer fon frere de la tombe où il étoit enfermé. Les fpectateurs font frappés d'étonnement à la vue de ce prodige inattendu. Toutes ces paffions particulieres font exprimées d'une maniere qui ne nuit point à l'effemble & à l'effet général. Ce tableau eft le mieux foutenu, & peut-être le plus beau de tous ceux de M. Deshays.

Je vous ai déja parlé, Madame, de deux Vanloo : en voici un troifiéme , AMEDÉE VANLOO, Peintre du Roi de Pruffe. Il femble que la nature fe foit engagée à donner des talens pour la peinture à tous ceux qui porteroient le même nom. Les ouvrages de celui-ci, font deux grands Tableaux ceintrés qui repréfentent Saint Dominique (No. 49.) prêchant devant le Pape Honoré I I I. & Saint Thomas d'Aquin (No. 50.) infpiré du Saint Efprit dans la compofition de fes Traités de Théologie. Il y a dans ces morceaux de la chaleur, de beaux effets d'ombre, avec un aſſez beau coloris. Le Tableau de l'Enfant Jéſus avec un Ange (No. 51.) qui lui préſente les attributs de la Paſſion, péche un peu par le clair-obſcur, la figure principale eſt bien. On voit enſuite deux Tableaux de jeux d'enfans (No. 52.) qui ne m'ont pas paru excellens.

Les Tableaux que M. CHALLE a donné ſont tous dans le coloris ſombre des anciens Peintres. Il ſemble que l'Auteur ait voulu imiter par anticipation ce vernis précieux pour les Amateurs que le tems & la fumée donnent aux vieux Tableaux. Cette ſingularité n'étoit pas faite pour plaire à la multitude, & les Amateurs ont trouvé que l'Auteur, en employant le ton noir du Rembrant & de Leſpagnolet, n'avoit pas atteint la force & l'effet de ces grands Maîtres.

Les Tableaux de M. Challe repréſentent la mort d'Hercule (No. 53.) Celle de Milon, (No. 54.) Vénus endormie, (No. 55.) & l'évanouiſſement d'Eſter, (No. 56.) La Vénus eſt bien deſſinée, l'effet du ſommeil eſt très-bien exprimé par le renverſement de la téte, la chute d'un bras & l'affaiſſement général de tous

les membres. Avec un peu plus de fraîcheur & d'éclat dans le coloris, ce morceau pourroit être regardé comme un
Chef-d'œuvre.

M. Challe a fait exposer encore huit
ou dix desseins (No. 57.) de composi-
tions d'Architecture. Ce sont des idées
prises des plus grands monumens de l'E-
gypte, de la Grece & de Rome. Ces
desseins font beaucoup d'effet ; j'ai cru
voir qu'on les trouvoit fort supérieurs
aux Tableaux du même Auteur.

Les Tableaux que M. CHARDIN a don-
nés cette année, représentent (No. 58-
62.) un bouquet, des fruits, des débris
de déjeuné, &c. Ils sont dignes de sou-
tenir sa réputation, & ils en feroient une
à quelqu'un qui n'en auroit pas. Des effets de couleur bien entendus, un beau
fini, & sur-tout une imitation très-par-
faite de la nature, ont fixé depuis long-
tems le rang de M. Chardin dans notre
Ecole. Il y a trouvé l'art de plaire aux
yeux, même quand il leur présente des
objets dégoutans : je voudrois qu'il en
eût fait usage plus rarement, & qu'il se
fût attaché davantage à rendre ses Tableaux intéressans par de jolies figures

comme celles qu'il a donné quelquefois.
Les hommes aiment à fe retrouver par
tout, ce penchant fecret eft le germe de
la fociabilité. La Mufique qui imite le fon
d'une cloche ou le bruit du tonnerre ne
plaît pas comme celle qui exprime le fen-
timent. Les payfages, les fruits, les ani-
maux même fe font admirer , mais ils
n'intérefferont jamais autant qu'une bon-
ne tête.

Les productions en paftel (No. 63-
69.) de M. DE LA TOUR, ne manque-
ront jamais d'Admirateurs, fur-tout quand
il nous tracera avec fa fupériorité ordi-
naire , des portraits auffi précieux pour
notre Nation que ceux qu'il a expofés
cette année. * J'y ai remarqué affez de
précifion & même une forte d'éclat dans
les draperies que les Paftels ont rarement.
Il faut en convenir , les beautés qu'on

---

* Ce font les Portraits de Monfeigneur le
Dauphin, de Madame la Dauphine, du Duc de
Berry, du Comte de Provence, du Prince Clé-
ment de Saxe, & de la Princeffe Chriftine de
Saxe. Parmi les autres morceaux de M. de la
Tour, on a remarqué fur-tout le portrait d'un
Abbé. Il eft frappant.

trouve dans les ouvrages de M. de la Tour
font de lui, & les défauts qu'on y voit,
font de fon art. Genre froid & borné qui
manque prefque toujours d'expreffion &
d'effet, qui rend foiblement les paffions,
& qui ne fçauroit exciter l'en houfiafme
fublime que les Arts infpirent à ceux qui
les aiment.

On a expofé deux Payfages de M.
FRANCISQUE MILLET (N°. 70.) Ils
étoient fi fort dans l'ombre, qu'il étoit
prefque impoffible de les voir. Je ne fçai
pas s'ils auroient gagné beaucoup à être
placés autrement.

Quelques perfonnes ont vû avec plai-
fir un petit Tableau de M. BOIZOT, qui
repréfente Argus difcourant avec Mercure (N. 71.) Ce fujet eft par lui-mê-
me un peu froid, mais il eft bien rendu.
Mercure cherchoit à endormir Argus, &
fuivant la tournure que prend leur con-
verfation, il y a tout à efpérer qu'il y
réuffira.

Les deux Tableaux du même Auteur,
où il a peint des enfans recevant les ré-
compenfes dûes aux talens & à la valeur
(N°. 72 & 73.) font un effet gracieux.

& riant. Celui de ces Génies qui deffine un Tableau, paroît très-bon. On voit encore un petit Tableau de M. Boizot, qui repréfente la Sculpture (N°. 74.) C'eft une femme qui rêve en travaillant à faire une tête affez froide.

M. VENEVAULT, Peintre en Mignature (N°. 75) a fait expofer des Portraits dont les figures font difpofées affez agréablement; elles ont un air de vérité qui fait bien augurer de leur reffemblance. Il y a joint une fort belle Magdelaine.

Les principaux ouvrages de M. BACHELIER font trois grands Tableaux allégoriques (No. 76, 77 & 78) pour la falle du dépôt des Affaires étrangeres à Verfailles. Le Catalogue dit qu'ils repréfentent l'Europe fçavante, le Pacte de Famille & les Alliances de la France. Le Pacte de Famille eft exprimé par des enfans qui jurent fur la cendre de Henry IV. autour de l'Autel de l'Amitié. Les autres allégories ne m'ont pas paru fi heureufes. On a expofé une efquiffe allégorique fur la Paix (N°. 81) par le même Auteur. C'eft la Nature qui gémit fur les malheurs de la Guerre. La Paix defcend

du Ciel & lui apporte l'Amour pour fé-
cher fes pleurs.

M. le Comte de Caylus exhorta il y a
quelques années les Peintres à prendre
les fujets de leurs ouvrages dans l'Iliade,
l'Eneïde, & les autres Poëmes épiques.
Il indiqua avec le goût & la fagacité qui
lui font néceffaires, les Tableaux qu'on
pourroit tirer d'Homere & de Virgile.
M. Bachelier vient de fuivre la même
idée. Il a choifi les fituations principales
du Poëme d'Abel de M. Gefner, & les
a deffinées (No. 80) avec feu & avec in-
telligence. Il a même exécuté en grand
la mort d'Abel (No. 79). Ce morceau
fait beaucoup d'effet : il feroit à fouhai-
ter que M. Bachelier exécutât la fuite de
ces Tableaux en entier. Le Poëme de M.
Gefner eft rempli d'images vives & na-
turelles qui réuffiroient certainement.

Je n'entrerai pas, Madame, dans beaucoup de détails fur les ouvrages de M.
PERRONEAU : ce font des Portraits en paftel (No 82-88). Celui de M. Hanguer,
Echevin d'Amfterdam, & celui d'un jeune enfant, ont beaucoup de caractère. La
reffemblance fait fans doute le principal
mérite des autres ; mais c'eft un mérite
dont je ne fçaurois juger.

Le Public accoutumé à recevoir avec empreſſement les productions du pinceau de M. VERNET, a eu le plaiſir d'admirer cette année pluſieurs Tableaux de cet Artiſte célébre. Les plus conſidérables ſont la vûe du Port de Rochefort (No. 89) & celle du Port de la Rochelle [N° 90] qui ſont partie de la ſuite des Ports de France exécutée pour le Roi ſous les ordres de M. le Marquis de Marigny. La vue du Port de Rochefort eſt priſe du magaſin des Colonies, elle eſt terminée à droite par le bâtiment de la corderie, & à l'autre extrêmité du Port par les magaſins. On y voit un Vaiſſeau ſur le Chantier, & un autre dans un baſſin pour y être radoubé. C'eſt le moment du départ d'une Eſcadre, la marée eſt haute, & l'heure du jour eſt le matin.

La vue du Port de la Rochelle eſt priſe de la petite rive. M. Vernet y a peint des Rochelloiſes, des Poitevines, des Saintongeoiſes & des Ollonnoiſes, cela jetto dans l'habillement des figures, une variété fort agréable. La mer eſt haute, & l'heure du jour eſt au coucher du ſoleil. M. Vernet eſt aſſervi dans ces ſortes d'ouvrages comme on l'eſt dans les portraits pour rendre fidellement ſes modéles. Ce-

pendant l'effet de cet esclavage ne se fait
point sentir. Il choisit si adroitément ses
points de vue qu'on prendroit ses tableaux
pour des chefs d'œuvres de l'imagination
la plus heureuse. Son coloris est vrai &
brillant, ses figures sont dessinées avec
esprit, toutes ses attitudes sont expressi-
ves, on retrouve par tout la Nature. Il
paroît que cet Artiste en a fait une étude
singuliere. Il se plaît à en exprimer les
beaux effets. Ses ciels sont admirables.
Dans le tableau du Port de Rochefort,
une vapeur legere annonce que le soleil
n'est pas bien avancé dans sa carriere. On
croit sentir la fraîcheur du matin. Dans la
vue de la Rochelle, M. Vernet a exprimé
d'une maniere plus piquante encore &
qui lui est plus particuliere, le moment
où le soleil en se couchant dore le Ciel
de ses rayons. La magie de la perspective,
l'action & le mouvement des figures, l'ac-
cord qui se trouve entre les différentes
groupes, l'unité & l'harmonie de l'ensem-
ble, la précision des détails, toutes ces
parties se trouvent réunies chez M. Vernet. La collection de ses tableaux des
Ports de France est une des entreprises qui
feront le plus d'honneur au goût de notre
siecle.

Le même Peintre a fait pour la Biblio-

théque de M. le Dauphin à Verſailles, les
quatre parties du jour (n°. 91); le matin eſt repréſenté par le lever du ſoleil ; le
midi par une tempête ; le ſoir par le coucher du Soleil , & la nuit par un clair de
Lune. Si ces Tableaux ſe trouvent placés de maniere qu'on les voye de loin , il
eſt à craindre qu'ils n'y perdent beaucoup.
La tempête & le clair de lune ont princi-
palement attiré les Connoiſſeurs ; le trou-
ble & l'horreur régnent dans le premier ,
un vaiſſeau ſe briſe contre un rocher.
Cette image terrible eſt rendue avec une
énergie ſinguliere. Dans le Tableau de la
nuit , il régne au contraire une tranquillité
profonde. Les effets de lumiere que la Lune produit ſur la mer & au travers des
nuages , ſont exprimés avec une habileté
& une fineſſe qui fait illuſion. On croit
ſentir cette mélancolie douce & dange-
reuſe que la nuit & le ſilence ont coutume
de produire ſur les cœurs ſenſibles.

Le ſujet du Tableau de la Bergere des
Alpes (n°. 92), eſt tiré des Contes mo-
raux de M. Marmontel. M. Vernet , a pris
le moment où Adelaïde, en racontant ſes
malheurs au jeune Fonroſe, lui montre la
tombe de ſon mari : les pleurs de cette
Bergere , la ſenſibilité généreuſe de ſon

Amant font bien exprimés dans ce morceau, & le paysage dans lequel se passe cette scene touchante est très beau.

On a exposé encore cinq ou six Tableaux de M. Vernet (n°. 93), où on reconnoît son génie heureux & facile. Je ne sçai comment vous exprimer une qualité de ce Peintre qui me prévient surtout en sa faveur. Il paroît qu'il travaille sans prétention; il ne s'éloigne jamais de la vérité, pour montrer plus de science ou plus de force; il n'y a point d'affectation ni dans son coloris, ni dans ses attitudes. En un mot, le Peintre ne se montre pas; c'est la nature bien choisie & transportée sur de la toile.

On a exposé plusieurs bons Portraits de M. Roslin (n°. 94 - 100); celui de Madame la Comtesse d'Egmont a été vu du public avec empressement, à cause de plusieurs détails heureux; mais on trouve dans un dégré bien plus éminent toutes les parties qui constituent le grand Peintre de Portraits dans celui de M. le Comte de Czernichew, Ambassadeur Extraordinaire de Russie à la Cour de France, revêtu des habits de l'Ordre de S. André.

M. Vallade a donné quelques Por-

traits en paftel (n°. 101 , 102, & 103) ;
il y a dans celui de M. Loriot une fingula-
rité qui mérite d'être remarquée. M. Lo-
-riot eft Ingénieur Méchanicien;il a trouvé
le fecret de fixer la peinture en paftel ; la
moitié de fon Portrait eft fixée , y com-
pris partie de la tête ; on n'a remarqué aucun changemént dans la couleur entre la
partie fixée & celle qui ne l'eft pas. Ainfi
voilà le paftel à l'abri des injures du tems,
Cette découverte devroit , ce me femble,
réveiller l'émulation des Peintres qui tra-
vaillent dans ce genre Il faut à préfent
qu'ils s'efforcent de faire des ouvrages qui
méritent de pafler à la poftérité ; ce fecret
feroit le plus important , & il ne me paroît
pas qu'il ait encore été trouvé. Quelle
obligation nos defcendans auroient-ils à
Loriot , fi fon art ne fervoit qu'à leur con-
ferver quelques portraits infipides? A quoi
auroit fervi l'Imprimerie, fi on n'avoit
jamais fait que des bouts rimés ?

Je terminerai cette Lettre, Madame ,
par les ouvrages de M. Defportes : ce font
quatre Tableaux de fruits. On a trouvé
un peu d'exageration dans le coloris &
dans la groffeur des fruits : ils étoient ac-
compagnés de feuilles , d'un verd abfolu-
ment faux ; mais il y a dans l'un de ces

Tableaux des petites raves excellentes.
Elles suffisent pour prouver que l'Auteur
pourroit aller fort loin dans ce genre d'i-
mitation, s'il vouloit éviter les négligen-
ces qu'on lui a reprochées.

J'ai l'honneur d'être, &c.

'A Paris le 22 Septembre 1763.